國家圖書館出版品預行編目資料

大衛‧奧格威 / 張燕風著;簡漢平繪.－－初版一
刷.－－臺北市: 三民, 2016
面；　公分－－(兒童文學叢書/創意MAKER)

ISBN 978－957－14－6113－7　(精裝)

1.奧格威(Ogilvy, David,1911－1999) 2.傳記 3.通
俗作品 4.英國

781.08　　　　　　　　　　　　　　104028566

©　大衛‧奧格威

著 作 人	張燕風
繪　 者	簡漢平
主　 編	張燕風
企劃編輯	郭心蘭
責任編輯	蔡宜珍
發 行 人	劉振強
著作財產權人	三民書局股份有限公司
發 行 所	三民書局股份有限公司
	地址　臺北市復興北路386號
	電話　(02)25006600
	郵撥帳號　0009998-5
門 市 部	(復北店)臺北市復興北路386號
	(重南店)臺北市重慶南路一段61號
出版日期	初版一刷　2016年6月
編　 號	S 857981

行政院新聞局登記證局版臺業字第○二○○號

有著作權‧不准侵害

ISBN　978-957-14-6113-7　（精裝）

http://www.sanmin.com.tw　三民網路書店
※本書如有缺頁、破損或裝訂錯誤，請寄回本公司更換。

大衛‧奧格威 DAVID OGILVY

好點子廣告人

張燕風/著　簡漢平/繪

三民書局

主編的話　　　　　抬頭見雲

隨著「近代領航人物」系列廣獲好評，並獲得出版獎項的肯定，三民書局的出版團隊也更有信心繼續推出更多優良兒童讀物。

只是接下來該選什麼作為新系列的主題呢？我和編輯們一起熱議。大家思考間，偶然抬起頭，見到窗外正飄過朵朵白雲。

有人興奮的說：「快看！大畫家畢卡索一手拿調色盤，一手拿畫筆，正在彩繪奇妙的雲朵！」

是呀！再看那波浪一般的雲層上，建築大師高第還在搭建他的尖塔！

左上角，艾雪先生舞動著他的魔幻畫筆，捕捉宇宙的無限大，看見了嗎？

嘿！盛田昭夫在雲層中找到了他最喜愛的 CD，正把它放入他的隨身聽……

閃亮的原子小金剛在手塚治虫大筆一揮下，從雲霄中破衝而出！

在雲端，樂高積木堆砌的太空梭，想飛上月球。

麥克沃特兄弟正在測量哪一朵雲飄速最快，能夠成為金氏世界紀錄。

……

有了，新的叢書就鎖定在「創意人物」這個主題上吧！

大家同聲附和：「對，創意實在太重要了！我們應該要用淺顯的文字、豐富的圖畫，來為小讀者們說創意人物的故事。」

現代生活中，每天我們都會聽見、看見和接觸到「創意」這兩個字。但是，「創意」到底是什麼？有人說，「創意」就是好點子。但好點子是如何形成的？又是在什麼樣的環境助長下，才能將好點子付諸實現，推動人類不斷向前邁進？

編輯團隊為此挑選了二十個有啟發性的故事，希望解答上述的問題，並鼓勵小讀者們能像書中人物一般對事物有好奇心，懂得問「為什麼」，常常想「假如說」，努力試「怎麼做」。讓想像力充分發揮，讓好點子源源不絕。老師、家長和社會大眾也可以藉此叢書，思索、探討在什麼樣的養成教育和生長環境裡，才能有效的導引兒童走向創意之路？

雲屬於大自然，它千變萬化，自古便帶給人們無窮想像；雲屬於艾雪、盛田昭夫、高第、畢卡索……這些有突出想法的人，雲能不斷激發他們的創意；雲也屬於作者、插畫家和編輯團隊，在合作的過程中，大家都曾經共享它的啟發。

現在，雲也屬於本書的讀者。在看完這本書以後，若有任何想法或好點子願意與大家分享，歡迎寄到編輯部的信箱 sanmin6f@sanmin.com.tw。讀者的鼓勵與建議，永遠是編輯團隊持續努力、成長的最大動力。

簡　　　　2015 年春寫於加州

作者的話

　　長久以來，推銷商品的人常被認為是與生俱來就能說善道，一心只想用商品來賺錢的販夫走卒。過去在一個以讀書為上的社會環境裡，從事這個行業並不被看重。

　　這種觀念延續了數千年，一直到兩、三個世紀前，因為商業活動漸漸頻繁、交易範圍日益擴大之後，人們才開始重視與商品有關的行銷知識和應用方法。

　　如今商品經濟雖已蓬勃發展，但人們對廣告的專業認識仍有不足，雖生活在無處不廣告的世界中，卻常常忽略了對廣告中的創意和啟發做進一步的探討。

　　提到「創意」，大家首先想到的是和藝術、發明等有關的行業吧？沒錯，畫家、音樂家、作家、建築師、設計師們的創意，總是帶給人們許多驚奇，也因為他們想出的好點子，使得人們的生活變得更加豐富有趣。

　　但也許我們還沒有注意，大家每天都會接觸到各式各樣的「廣告」，其實也是一個創意行業。

　　有人曾統計過，人們一天中看到、聽到、觸摸過、或出現在身邊的廣告，至少超過上千種。比如說，現代人隨身攜帶的手機，只要一打開就會看到各種推銷商品的文字、圖像、影音。可以說「廣告」與我們的生活已密不可分。

　　廣告的目的是推銷商品，但現在從事這個行業的人卻並不只靠能說善道。想出有創意、能吸引人注意的好點子，應該更重要。

　　「大衛・奧格威」是美國近百年來著名的廣告大師，他聰明睿智，常想出令人眼睛為之一亮的好點子，留下許多非常經典的成功案例。在他的自傳中，他將經驗與大家分享，被奉為廣告界的寶典。

　　現在我們想將這位傑出的廣告大師介紹給親愛的小讀者們。我們藉由一群流浪狗，從如何努力創業、推銷商品和服務、到最終成為企業家的故事，來傳達大衛・奧格威的理念，和他認為從事廣告行業該學會的事。

　　大衛・奧格威所處的年代，約在 20 世紀中葉，那時廣告事業如雨後春筍般紛紛崛起，而當時廣告的載體卻只限於平面的報章、雜誌、或公路邊的廣告牌，後來隨著時代發展，才逐漸加入收音機廣播和電視傳播等媒介。

　　如今，廣告進入了網路時代，一些先進科技大公司，如谷歌 (Google)、臉書 (Facebook)、亞馬遜 (Amazon) 等，都已和廣告行業息息相關。

　　希望小讀者讀完這本《大衛・奧格威》後，能夠了解做出好廣告的一些基本原則，進而對廣告行業有一番新的認識，並為自己將來事業的選擇有一個新的想法。

　　也希望寫這本書是一個能啟發小讀者的「好點子」。

 # 天也搖了、地也動了

山坡上一間廢棄屋裡住了一群流浪狗，在大哥「大酷」，二哥「點多」和三哥「阿黃」的帶領下，他們有福同享、有難同當，和氣友愛的在一起過日子。

一個風雨交加的夜晚，全身溼透的烏鴉趕來廢棄屋中，用力啄著正在熟睡的大酷。

「喂喂，颱風來了，趕快帶著伙伴們下山吧！」他嘎嘎的嚷著：「大雨就要引起土石流啦，危險呀，起來，起來，快跑！」說完，烏鴉逃命似的飛走了。

一瞬間，狂風暴雨排山倒海而來，泥沙、黃土和碎石子嘩啦嘩啦的從天而落，廢棄屋已搖搖欲墜。大酷連拖帶拉、著急的叫醒所有的狗兒。

在昏暗中，大伙兒震驚於山搖地動的景象，倉皇失措的隨著大酷往山下狂奔而去……。

何處是我們的家？

天亮了，颱風也平息下來。但山路已被土石流封住，狗兒們回不了家，一個個拖著尾巴垂頭喪氣的走向碼頭找吃的。岸邊的大小船隻都被吹得東倒西歪，一根根桅杆斷裂不齊，散落的食物全泡在汙水中。又累又餓的狗兒們圍繞著大酷，問著：「我們要去哪裡呢？今後的日子怎麼過啊？」

點多看大哥愁眉不展，就出主意：「我們的家反正回不去了，不如上船去國外闖蕩一番，也許能混出個名堂來。」

大酷眉頭更緊了：「我們又不

會說外語，到了國外，不是更糟糕嗎？」

樂觀的阿黃插進來說：「那倒不一定，也許我們可以開個餐館來賺錢生活啊！」

依偎在大酷腳邊的小狗「豆子」嘟囔著：「我們一向只會吃別人扔給我們的食物，哪可能自己做菜開餐館呢？」

阿黃不服氣：「人們是看食譜學會做菜的，我們也可以照樣做！」

豆子又嘟囔一句：「人們怎麼會吃狗做的東西？」

「總可以試

試吧，」阿黃不放棄的說：「我們可以去工地和每天給我們食物的好心人商量，他們一定會指點我們。」

大酷說：「我們都是勤勞、有志氣又肯苦幹的好漢，應該闖出自己的事業，不能老是依靠好心人的施捨，那樣終會挨餓的。我們得改變現況，看來照食譜學做便當，再拿去賣的主意，值得一試。」

點多望著岸邊的船隻，低聲說：「船就在眼前，為什麼不趁這機會上船，去外面的世界闖闖看呢？」

創業靠自己

　　烏鴉找到了狗兒們，關切的問：「聽說山邊的房子全被吹垮了，你們都沒事吧？」

　　豆子身形小嘴巴大，急巴巴的告訴烏鴉，大伙兒想賣便當，賺錢謀生。

　　烏鴉搔了搔頭：「但是……你們會做菜嗎？」

　　阿黃很有信心的點頭：「我們會努力照食譜學。」

　　烏鴉投來驚訝而帶鼓勵的眼光：「那好，我們這就去圖書館，借幾本食譜來研究研究。」

　　狗兒們仔細讀了幾遍食譜，

各個摩拳擦掌的想要大顯身手。
有的去田裡挖野菜、地瓜，摘番
茄、絲瓜；有的洗菜、炒菜，大
家分工合作，不一會兒，一個個
熱呼呼的狗兒便當就做好了。

「不錯，不錯！」大酷滿意的
說。「正好趕上午餐時間，我們
拿去工地賣賣看。」

飢腸轆轆的工人們，看到熱
騰騰的便當，爭先恐後的買來
吃，但沒吃幾口，全都搖搖頭，
把便當丟進垃圾筒了。

尋求成功之道

　　烏鴉來了，看見狗兒們苦著臉，正在吃賣不出去的便當。烏鴉打開一盒，才吃一口，就哇啦哇啦的叫著:「我的天啊，這未免太難吃了吧!」狗兒們低頭不語。烏鴉說:「你們自己都不喜歡的東西，怎麼可能賣得出去呢?」

　　大酷點點頭說:「對，賣便當行不通，我們得尋求改變的方法。」

　　點多又出主意了:「聽說外國人喜歡吃蛋糕，如果我們學會了怎麼做蛋糕和賣蛋糕，有朝一日乘船到了國外，不就可以一駕輕就

熟的派上用場嗎？」

大酷和烏鴉異口同聲的說：

「試試看吧！」

狗兒們拿起食譜，認真又努力的學著做。幾星期後，狗兒蛋糕登場了。有番薯的、南瓜的、草莓的、蘋果的、檸檬的……

五顏六色，香甜又可口。

這一回，狗兒們對自己做的蛋糕充滿信心，但是怎樣能把蛋糕推銷出去，讓更多人知道呢？

烏鴉說：「我帶你們去圖書館見見管理員張老師吧。她和藹可親，又有耐心解答問題，我們去請教她有沒有教人宣傳商品的書。」

一行狗兒來到了圖書館。

「有的。」張老師親切的回答：「你們可以從美國的『廣告之父』大衛・奧格威那裡取經，他是幫人把東西賣出去最成功的人。喏，這裡有一本奧格威的傳記，和一本他寫的《廣告人指南》，你們借去看看，一定能得

到啟發。」

豆子抬頭小聲問大酷：「什麼是『廣告』啊？」

大酷拍拍豆子的頭說：「簡單的說，『廣告』就是要用文字、圖像或動作來介紹商品，引起人的興趣，讓人心甘情願的掏錢出來買那樣東西。」

現代廣告之父「奧格威」

愛讀書的烏鴉接過張老師手中厚厚的書，翻了翻就對狗兒們說:「這樣吧，讓我先讀一遍，把內容整理節錄下來，然後貼在樹幹上，你們就可以自行閱讀了。」

第二天一早，狗兒們發現

附近的幾棵大樹幹上，貼滿了一張張有關奧格威的故事，細心的烏鴉還為每一張寫上小標題：

1.童年的夢想

1911 年大衛‧奧格威出生於英國一個中上階級的家庭裡，在五個孩子之中排行老四。他從小就和大他八歲的哥哥「法蘭」最為親密。哥兒倆常並排躺在前院草地上，聊著美國作家馬克‧吐溫筆下《湯姆歷險記》中那個愛冒險的頑皮男孩，或是英國作家史蒂文生所寫《金銀島》中那些尋寶的海盜。

小奧格威對哥哥

說：「我絕對不會永遠被局限在這個小鎮上，我長大後要去國外見世面、闖天下！」法蘭總是疼愛的看著弟弟，說：「我會幫你達成願望的。」

2.小廚師需磨練

奧格威實在太嚮往外面的世界，大學還沒畢業就去了巴黎，在一家高級華麗的大旅館中做個小廚師。那是一件非常辛苦的差事，每天工作十幾個小時，在熱氣瀰漫的廚房裡，聽大廚們使喚來使喚去，一會兒削馬鈴薯皮，一會兒剝洋蔥，一會兒打蛋，一會兒揉麵糰，常常忙到汗流浹背、疲於奔命。

工作繁重而且不能出任何差

錯，如果發粉少放了那麼一丁點，麵糰就發不起來，馬鈴薯皮削慢了點，就要耽誤整個出菜的速度。在這樣高級的餐廳裡，即使是極小的失誤，都會被嚴厲斥責，甚至被開除。

年輕又機伶的奧格威雖

然沒有因犯錯而被趕走，但他無法忍受長時間被關在地下室的廚房裡，心想:「外面一定有比這個更好的工作吧?」

3.推銷員有知識要自信

奧格威回到英國，立刻去找哥哥求助。法蘭那時已在一家廣告公司工作，他的顧客「Aga爐具公司」正巧要找一名上門推銷員，奧格威拍拍胸脯，頑皮的對哥哥說:「沒問題啊，我長相俊俏、口齒伶俐，一定可以把這老品牌賣出去。」

事實上，奧格威對Aga爐具非常熟悉，因為小時候家中就有一個Aga牌的烤箱，媽媽用它做出各式各樣美味的食物: 烤鬆

餅、燉羊肉、烘甜派……可以說 Aga 烤箱是伴著奧格威長大的。

奧格威開始了他挨家挨戶的銷售生涯。在拜訪家庭時，他從不直接誇 Aga 爐具性能有多好，而是坐在廚房內和女主人談家常、談烹飪、談媽媽怎麼樣用 Aga 烤箱做出美味佳餚，常常就在融洽的氣氛中，自然而然的把爐具賣出去。

如果是去餐館推銷，他會穿上之前在巴黎餐廳的工作服、戴上廚師帽，和餐館大師傅用廚師對廚師的方式互相交談，這樣很容易能打動大師傅的心，買下「廚師奧格威推薦的」好用爐具。

奧格威很快就成了公司裡頂

尖的推銷員。他把經驗寫成一本小冊子《如何推銷Aga?》，更是得到主管的賞識，而成為全公司推銷員的必讀手冊。

哥哥法蘭驕傲的送了一本給他廣告公司的老闆。老闆認為奧格威是一個天生的銷售人才，很樂意送他去美國一年，在當時的廣告重鎮——紐約，學習行銷技巧。這一年的見習生活，大大開拓了奧格威的視野，他意識到在這個鼓勵創新的環境裡，只要肯努力，一定會出人頭地。

一年的學習很快就結束了，奧格威依公司約定，又回到了英國。但他暗下決心，他要很快的再踏上那片自由開放的新大陸。

4.市場研究是基本功

這一次，當船抵達美國碼頭時，奧格威不禁流下了激動的眼淚。這是小時候和哥哥讀《湯姆歷險記》時嚮往的樂園，一個充滿機會的土地，一個他就要獨自闖蕩出一片天的地方。但是看看口袋裡只有十元美金，他急於先找一份工作。就在這時，他遇見了做民意調查的蓋洛普先生。彼此交談後，蓋洛普看這個年輕人頭腦清晰、思路敏捷，就邀他加入公司，專門負責好萊塢電影業的市場研究與調查。

奧格威從這個工作中學到了許多美國市場的知識，也深深了解到市場研究的重要性，這對他

日後從事廣告業有很大的幫助。

5.農夫生涯

雖然奧格威是位思想細密的人，但他也有熱情浪漫的一面喔。工作之餘，他喜歡騎著腳踏車到鄉間閒逛，享受美國的田園風光。有一次在賓州鄉下一個叫蘭開斯特的地方，奧格威看見一幅世外桃源般的景象，那裡住著阿米希族人。在20世紀的社會中，他們還過著18世紀的日子：點油燈、駕馬車、穿著純樸、以農耕為生。

奧格威忽然很想體驗一下這種與世無爭的農村生活，一衝動就在那兒買下了一幢紅磚農舍，和一大片菸草田，打算做一名菸

農。事實上，奧格威根本不諳農事，不懂春耕、夏耘、秋收、冬藏的道理，也不知防禦蟲害和動物侵襲。他對務農完全不在行，那不是他的天分所在。

6.做自己有天分的事

　　奧格威自問：「我的天分到底在哪裡？我已經三十好幾了，不能再這樣蹉跎歲月啦！我得找到

一個人生的方向!」他回想以前的工作經歷，感覺最快樂的一段時光，是賣 Aga 爐具和撰寫推銷員手冊的時候。他喜歡動腦筋為他想賣的東西寫廣告詞，並且深信自己在這方面有過人的天分。

奧格威開始大量吸收廣告業的知識。他對自己說:「『廣告』和『行銷』將是我奮鬥的目標!努力向前衝吧!」

7.進軍廣告界

那時，許多廣告公司都聚集在紐約的麥迪遜大道上。奧格威心想:「既然要從事這個行業，那何不直接進入殿堂呢?」

真是初生之犢不畏虎啊!1948 年，奧格威帶著全部積蓄美

金六千元，請了一個祕書，掛上「奧美廣告公司」的招牌，就大膽的在麥迪遜大道上開業啦。

奧格威是一個追求高目標的人。他在筆記本上寫下五個他要爭取的客戶，都是全球知名的大公司。但像他這樣缺乏資金的小廣告公司，怎麼有機會延攬到知名公司的業務？

「萬丈高樓平地起」啊，奧格威深知這個道理，所以當一家在美國緬因州的小型製造商，來找他做「海瑟威牌」襯衫廣告時，他欣喜的答應:「我一定要出奇制勝，想出一個好點子！」

他找到一個氣宇軒昂的男模特兒，穿上雪白的海瑟威襯衫，攝影師正舉起照相機時，奧格威大叫一聲：「等等！這畫面太普通了，缺少一個神來之筆，讓我想想，明早再拍吧！」

8.成功靠好點子

苦思一夜，第二天一早上班時，經過一個小雜貨店，奧格威決定買一杯咖啡來提提神。在付錢時，忽然瞥見收銀臺上放著一盒黑眼罩，他腦海中立刻浮現起《金銀島》故事中，那些莫測高深的海盜們，不就最喜歡戴著這種黑眼罩嗎？

「啊，我想出個好點子啦！」奧格威急忙丟下一元半美金，抓

起一一副黑眼罩就飛快的往公司衝去。他揚了揚手中的黑眼罩，上氣不接下氣的對男模特兒說：

「來，試試這個！」

不久後，這則廣告就被刊登在雜誌上。那個男模特兒穿著雪白襯衫，卻戴著黑眼罩的神祕形象，立刻引起了所有人的注目和好奇。人們猜測著，這個體面的紳士究竟是誰呢？為什麼戴著黑眼罩？有什麼動人的故事嗎？眾人議論紛紛，使得「穿海瑟威襯

衫的男人」在一夕之間爆紅,像一股熱潮,人人爭先購買。

「海瑟威襯衫」很快就從一個小製造商變成了全球性的大公司。奧格威也因為想出了這個「黑眼罩」的好點子,在廣告界中一炮而紅,許多大客戶都自動前來,請他的公司製作廣告。

9.麥迪遜大道的國王

奧美廣告公司的業務從此蒸蒸日上,公司日益壯大。奧格威很重視人才任用,開會時,常常會從口袋裡掏出一組俄羅斯套娃,由小到大一個個排列在桌上,語重心長的說:「如果我們僱用的都是

胸襟比我們小的人，我們就將成為一個侏儒公司；如果我們僱用的都是視野比我們大的人，那我們必定可以成為一個巨人公司。」

奧美廣告公司在奧格威的帶領下，果真成為一個遍布全球的巨人公司。而奧格威本人，也成為廣告界的巨擘，被人推崇為「麥迪遜大道的國王」。

我們學會了！

故事看完了，狗兒們三三兩兩的聚在一起討論，烏鴉不時在旁補充解釋。大酷提醒大家：「不要忘記了，我們

好口味狗蛋糕

的目標是要向廣告大師奧格威學習，看看如何為狗兒蛋糕做個好廣告！」

阿黃說：「奧格威只為他所相信的商品做廣告。我們對狗兒蛋糕有信心，宣傳標題就用『狗兒們一致推薦的最佳蛋糕』，如何？」

烏鴉搖搖頭：「字數太多了不易上口。書上說：『有好標題，廣告就成功了80%。』」

點多立刻接腔：「那就叫『好口味狗蛋糕』吧，簡潔有力！」

大酷說：「很好。現在我們需要做些大看板，豎立在

人多的地方，吸引人們的注意。奧格威說過，做食品廣告要直接用真實的照片才能引人垂涎，並且要將食品放在照片中最大的位置，讓人一眼就能看見。阿黃，你快去照幾張狗兒蛋糕的照片，尺寸放到最大，貼在看板上。」

豆子仰頭問：「就像競選時，把參選人的照片放在看板上那樣嗎？」

大酷答道：「你說對了，但我們的廣告只要有標題『好口味狗蛋糕』和一個大蛋糕的照片，不要加入其他圖像來分散人們的注意力。」

點多提議去火車站裡賣狗兒蛋糕。那裡人來人往，生意一定

好。狗兒們沿著往火車站的路上，分段豎立了幾個看板，又興沖沖的將剛做好的新鮮蛋糕，裝車推到月臺叫賣。

三天過去了，蛋糕並沒賣出去幾個。大伙兒開始無精打彩。

烏鴉站在高高的列車告示牌上，往下看著川流不息的乘客，納悶的想，狗兒們辛苦做出的蛋糕很漂亮啊，製作的廣告也符合奧格威所說的成功條件，為什麼銷不出去呢？烏鴉從懷中取出《廣告人指南》，想從書中找到答案。

啊，有了！這條指南說：「做廣告銷售的人，若事先不做任何市場研究，就好像帶兵打仗的將

軍，從不去解碼敵方的信號。」

烏鴉立刻設計了一份意見調查表並複印了多份。大酷要長相憨厚友善的阿黃，帶著幾隻可愛的小狗，走進人群中，一面請人們試吃蛋糕，一面要求人們填寫意見。

烏鴉綜合統計所有的意見：人們認為狗兒蛋糕顏色鮮豔、口感鬆軟，但就是沒有「吾大師牌」的蛋糕可口好吃。

　　眾狗兒不解，為什麼我們會敗在「吾大師」手下呢？

　　點多拍了一下腦袋：「我知道了！『吾大師』從小就學做蛋糕，他的根基深厚，有天分、肯努力，他的蛋糕當然比我們這些半路出家的狗兒蛋糕要好吃多了。奧格威不是說過嗎？『要做自己最有天分的事，才能成功。』」

　　豆子仰頭問：「那……我們的

天分在哪裡?」

　　點多還來不及回答，就被一個行色匆匆的路人不小心猛撞了一下，點多注意到那人穿著制服，背上的大包包印有「ABC快遞」的字樣。

　　點多靈機一動:「現在人們生活步調緊湊，都愛用快速送貨送件的服務，『快遞』這個新興的

行業正火紅著。哈！我們的機會來啦！」

大酷握緊拳頭說：「對！我們要做有天分的事！我們得再次改變努力的方向！」

豆子仰頭問：「你是說……我們的天分是……送快遞？」

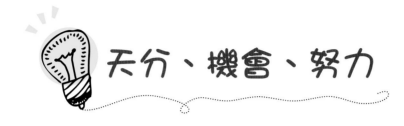

天分、機會、努力

　　狗兒們齊聲歡呼了起來！可不是嗎？我們有四條腿，健步如飛，這就是我們的優勢和天分！再加上大伙兒都肯賣力工作，輪班接力，二十四小時全天快遞！

　　點多興奮的說：「從今以後，我們就稱自己是『飛狗』！我們的挑戰是『快遞』！我們的品牌叫『飛狗快遞』！」

　　「好點子！好點子！」眾狗兒一致拍手叫好。

　　烏鴉在旁默默點頭：「嗯，『飛狗＋快遞』，是個很有創意的想法！接下來就要看狗朋友們

怎麼運用這個好點子去賺錢了。奧格威有句名言:『如果沒有賣點,就不能算有創意。』大概就是這個意思吧。」

大酷看狗兒們個個意氣高昂,就立即分派工作。有的負責送披薩、有的負責送水、有的負責送牛奶、有的負責送便當、有的負責送公文、有的負責送網購書……。

辛勤的狗兒們忙進忙出,卻因送遞的物品種類太多,又沒有建立秩序,常常亂成一團。烏鴉看在眼裡,不得不提醒大酷:「千萬不要一把抓,應該建立一個明確的『飛狗快遞』形象,讓人明白你們是專注於某類物品的快遞

服務。」

大酷點頭稱是:「我也發現快遞食品時,控制食品新鮮度這方面不是我們的專長。那麼,我們就把重心放在遞送『郵件』和『網購書』這兩種項目上吧。」

除了好品牌、好形象,還要有好運氣。正巧政府在推行環保運動,為了清潔空氣、節省能源,對車輛的使用進行了管制。平日依賴車輛做快遞工作的同行們,很多都因受到重重限制而退出市場。這給「飛狗快遞」很多成長的空間。快樂的狗兒們在送件時,一邊飛快的跑著,一邊吹起響亮的口哨,還不時來段順口溜:「四條腿,跑得快。不需加

油，不排廢氣，飛狗快遞，最最環保！」

　　點多和阿黃舉起「飛狗快遞公司」的招牌，高高的掛在新辦公室門上。歷經困難考驗的狗兒們終於找到方向，建立起自己的公司！懷裡還揣著那本《廣告人指南》的烏鴉，站在招牌上看著忙碌的狗朋友們，嘴角浮起了一抹微笑。

永保冒險和學習的精神

　　大酷順理成章的成為公司的頭兒，他總是在想怎麼讓公司更壯大？他想起那個俄羅斯套娃的故事，是的，他要讓公司裡所有的狗伙伴們，各司其職、各展所長。只有伙伴們的成長，才能帶動公司的壯大。

　　大酷注意到點多常常凝視窗外，知道是時候了——他應該扮演奧格威大哥「法蘭」的角色。他拍了拍點多的肩膀說：「老弟，我們哥兒們好不容易，從當年落魄的流浪狗，拚到了現在成功的企業家。但是，我知道你想到外

面世界去冒險闖蕩的夢想，一直還在。放心吧，我會幫你達成願望的。」

這天，一行狗兒來到了碼頭，依依不捨的目送點多上了去美國的大船。汽笛一響，船就往前行駛了。點多頻頻回首，大船漸行漸遠，阿黃的雙眼蓄滿了淚水，視線越來越模糊，他彷彿看見船上張起了大帆，嘿……快看，帆上出現了點多的臉，竟戴著黑眼罩呢！

依偎在大酷腳邊的豆子，仰起頭問：「點多會去麥迪遜大道嗎？」

——全文完，汪汪汪——

大衛·奧格威 小檔案

DAVID OGILVY

1911
出生於英國

1931
離開就讀的牛津大學，在巴黎
大旅館中任小廚師

1932
回英國，在「Aga 爐具公司」當推銷員，為公司
撰寫推銷手冊，後被權威性的《財富》雜誌譽為
「有史以來寫的最好的行銷手冊」

1939
移民美國，任職蓋洛普民意調查公司

1948
在紐約麥迪森大道上開設「奧美廣告公司」，創
作許多膾炙人口的廣告：「海瑟威襯衫」、「勞
斯萊斯汽車」、「多芬香皂」等

1963
著有《一個廣告人的自白》

寫書的人

張燕風

一個學硬梆梆數理統計的人，卻有一顆軟綿綿的心，喜愛圖畫和童書。

曾旅居多個國家，常從貼近當地生活的廣告海報、民間故事、或戶外壁畫等畫面中，去了解那塊土地上的歷史和文化。著有《老月份牌廣告畫》、《布牌子商標畫》、及英文作品 *"Cloud Weavers"* 等。

現居舊金山和臺灣淡水兩地，快樂的擔當著三民書局童書「近代領航人物」及「創意 MAKER」系列的主編。

畫畫的人

簡漢平

曾任平面美編十餘年，工作項目包含插圖、電腦排版及電腦繪圖。2000 年左右開始，從《自由時報》副刊繪製進入全職插畫的工作領域，正式回到拿畫筆的日子，之後長期在各報章雜誌及出版社發表作品。

插畫是多元的藝術工作，也是種興趣，於是成立了自己的教學畫室，教導兒童正確的美學概念，並從孩子身上學習到更多天馬行空的想法。

1984
著有《奧格威談廣告》，此二本著作被譽為廣告學經典，影響深遠

1999
一代廣告大師辭世

創意 MAKER ! 創意驚奇雲

飛越地平線，
　　在雲的另一端，

創意 x 無限

撥開朵朵白雲，你會看見一道亮光……

 是 **創意 MAKER** 的燈泡亮了！

跟著它們一起，向著光飛翔，由它們指引你未來的方向：

（請依直覺選擇最具創意的顏色）

選 的你

請跟著畢卡索、艾雪、安迪・沃荷、手塚治虫、鄧肯、凱迪克、布列松、達利，在各種藝術領域上大展創意。

選 的你

請跟著盛田昭夫、7-Eleven創辦家族、大衛・奧格威、密爾頓・赫爾希，想像引領創新企業的挑戰。

選 的你

請跟著高第、樂高父子、喬治・伊士曼、史蒂文生、李維・史特勞斯，體驗創意新設計的樂趣。

選 的你

請跟著麥克沃特兄弟、格林兄弟、法布爾，將創思奇想記錄下來，寫出你創意滿滿的故事。

本系列特色：

1. 精選東西方人物，一網打盡全球創意 MAKER。
2. 國內外得獎作者、繪者大集合，聯手打造創意故事。
3. 驚奇的情節，精美的插圖，加上高質感印刷，保證物超所值！

還有！還有！

內附注音，小朋友也能「自・己・讀」！
創意 MAKER 是小朋友的必備創意讀物，
培養孩子創意的最佳選擇！